生涯現役！

引き算レシピ

荻野恭子

女子栄養大学出版部

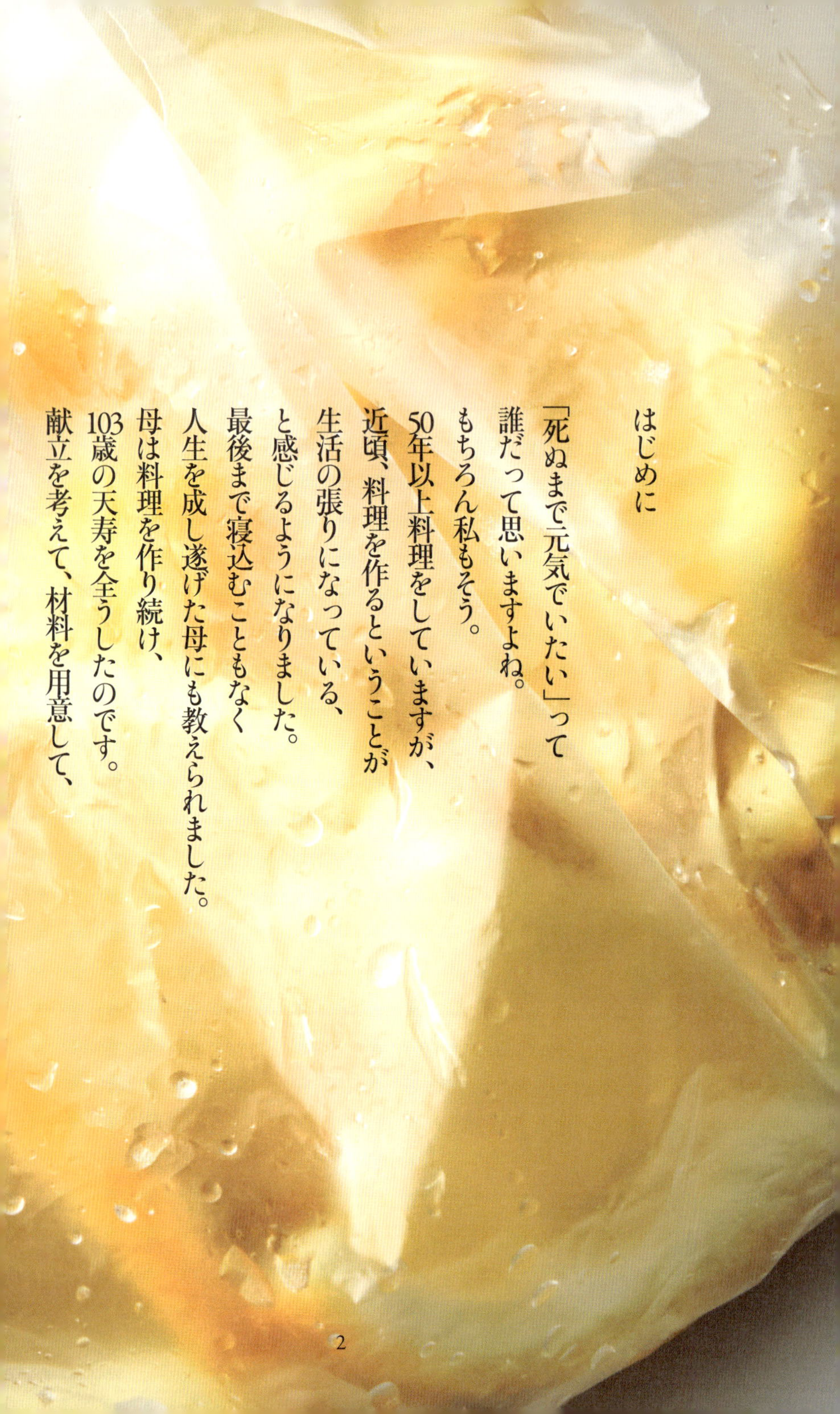

はじめに

「死ぬまで元気でいたい」って
誰だって思いますよね。
もちろん私もそう。
50年以上料理をしていますが、
近頃、料理を作るということが
生活の張りになっている、
と感じるようになりました。
最後まで寝込むこともなく
人生を成し遂げた母にも教えられました。
母は料理を作り続け、
103歳の天寿を全うしたのです。
献立を考えて、材料を用意して、

段取りして調理する。
脳を刺激することばかりだし、
手だって動かします。
「自分のごはんは自分で作る」
これこそが生涯現役への
近道なんだと思います。
それには無理をせず、長く続けることが大事。
だから主材料は3つに絞りました。
これならばメモなしでも買い物に行けるし、
買い置きしてある材料で作れるかもしれません。
調味料は最小限。
みりんや酒、だしも使いません。
そして作業はたったの3ステップ。
これならば続けられそうでしょ！

荻野恭子

たとえばいり鶏。

鶏肉ににんじん、ごぼう、れんこん、
干ししいたけにこんにゃく。

3つの主材料、3ステップで作れます！

準備する材料は
3
つだけ

にんじん

使う調味料は
しょうゆ
砂糖
塩

3
ステップで
作れます

1材料を切って

食べごたえたっぷりの煮物です。
でも、材料をそろえたり、
下準備を考えたりすると
ちょっと面倒、と思ってしまいがち。
そこでレシピを思いきって
シェイプアップしました。
材料を3つに厳選。
調味料もミニマルに。
そして工程は3ステップ！
もちろん、しっかりおいしい。
肉じゃがも、麻婆豆腐も、
クリームシチューも、食べたいと
思ったメニューを迷うことなく、
ささっと作ってください。

れんこん

鶏肉

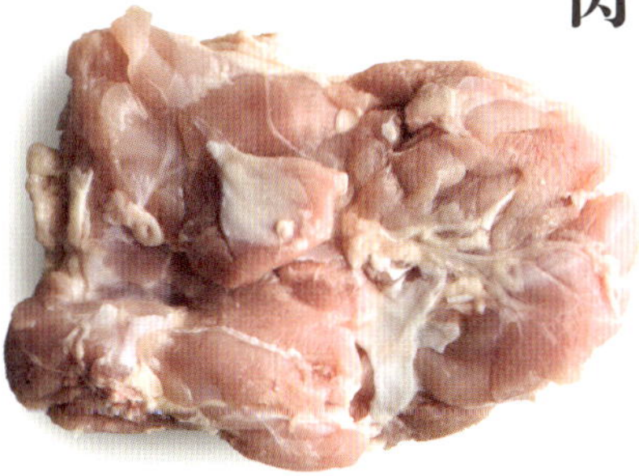

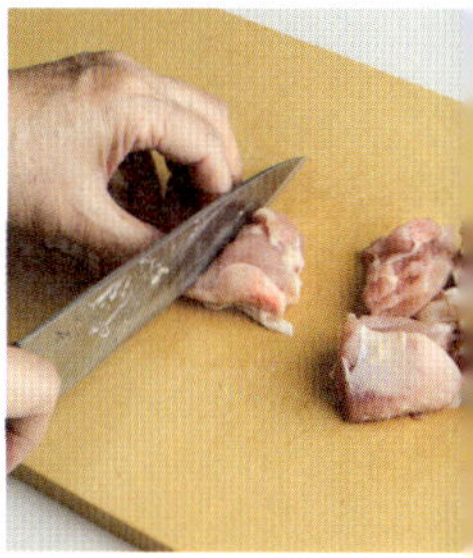

2 いためて

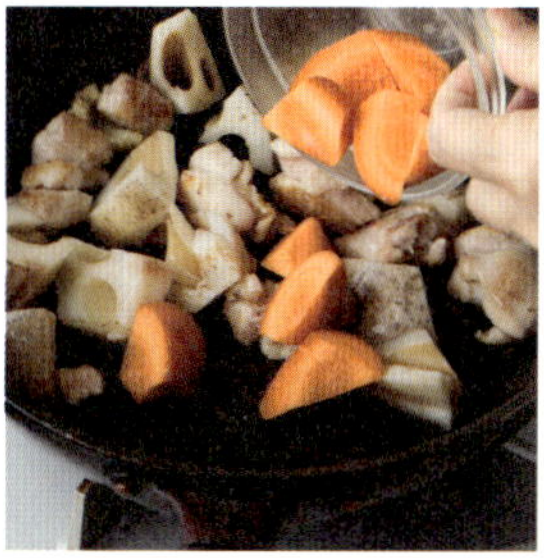

3 汁けがなくなるまで煮る

この本について
・計量単位は
1カップ＝200mL、
大さじ１＝15mL、小さじ１＝５mL、
１合180mLです。
・塩は精製度の低い
小さじ１=5gの塩を使っています。
・砂糖はきび砂糖または
てんさい糖を使っていますが、
ご自宅にある砂糖を
お使いください。
・特に指定のない油は
ご自宅にあるお好みの植物油を
使ってください。
・野菜は基本的に皮をむかずに
使っています(P46の里芋以外)。
たわしなどでよく洗って
表面の汚れを落としてから
調理してください。
気になる方は皮をむいて
作ってください。

目次

定番のおかずが

「材料や調味料、
そして手間を思いきって
そぎ落としました。
もう1つ、2つ、材料を

プラスしたいメニューも
ありますが、
そこはぐっとがまん。
おなじみの味が
3ステップで完成です」

こんなに簡単！

肉じゃが

1
じゃが芋は一口大に切る。
玉ねぎはくし形に切る。

2
なべに煮汁を入れて沸かし、
玉ねぎ、じゃが芋、
豚肉を入れる。

3
ふたをして弱めの中火で
15分煮て混ぜる。

東京生まれの私は肉じゃがといえば
豚肉ですが、関西の方々は
なじみのある牛肉で
作ってくださいね。

材料(2人分)

- 豚こま切れ肉…120g
- じゃが芋… 2個(220g)
- 玉ねぎ…1/4個(50g)

煮汁
水… 1カップ
しょうゆ…大さじ1 1/2
砂糖…大さじ1

Memo さっとゆでた絹さやなどの青みを散らすとぐっと見栄えがよくなります。

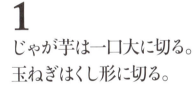

ごぼうや干ししいたけなど、
香りや味わいの深い材料を
プラスするとうま味が増しますよ。

いり鶏

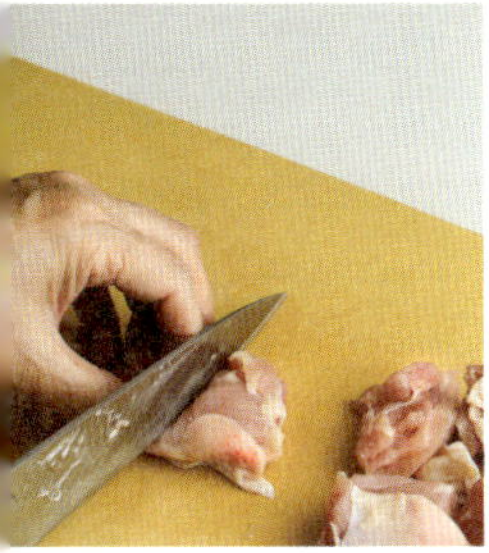

1

鶏肉は大きめの一口大に
切り、れんこん、にんじんは
大きめの乱切りにする。

2

フライパンにごま油を中火で
熱して鶏肉をいため、
表面の色が変わったられんこん、
にんじんを加えていためる。

3

煮汁を加え、ふたをして
汁けがほぼなくなるまで
弱めの中火でいり煮にする。

材料（2人分）

- 鶏もも肉…1/2枚（150g）
- れんこん…150g
- にんじん…1/2本（75g）

煮汁
水…１カップ
しょうゆ･砂糖…各大さじ1
塩…少量
ごま油…大さじ1

Memo 「炒り鶏」、「煎り鶏」と書くように、
鶏肉をいりつけてから煮ることが
名前の由来。煮汁がほぼなくなるまで
煮るのがポイントです。

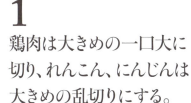

鮭ときのこの炊き込みごはん

1

米は洗ってざるにあげて
15分おく。
まいたけはざっとほぐす。

2

炊飯器の内釜に米を入れて
まいたけ、サケをのせて
炊き汁を加え、普通に炊く。

3

炊き上がったらサケを
ほぐしながら骨をとり除き、
全体を混ぜる。

材料（4人分）

- 甘塩サケ…２切れ（160g）
- まいたけ…100g
- 米…２合

炊き汁（混ぜ合わせる）

水…２カップ
塩…小さじ3/4〜1

Memo 食べやすく切った三つ葉やいり白ごまを散らすと
風味が増し、見栄えもよくなります。

親子煮

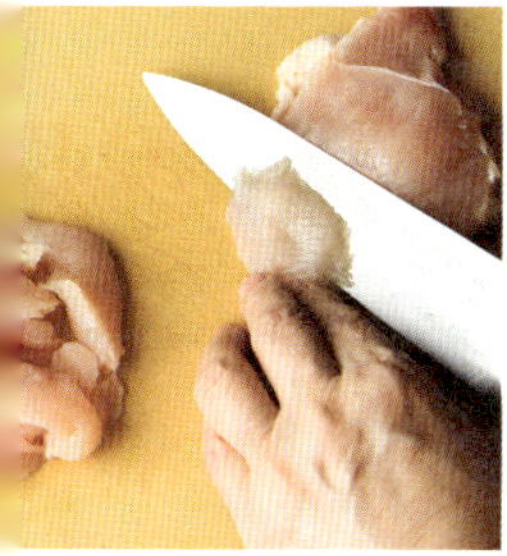

1
鶏肉は厚みを半分にしてから
そぎ切りにする。玉ねぎは薄切りにし、
卵は割りほぐす。

2
なべに煮汁を沸かし、
玉ねぎ、鶏肉を入れて
中火で7分煮る。

3
鶏肉に火が通ったら
卵を全体に流し入れ、
卵に火を通す。

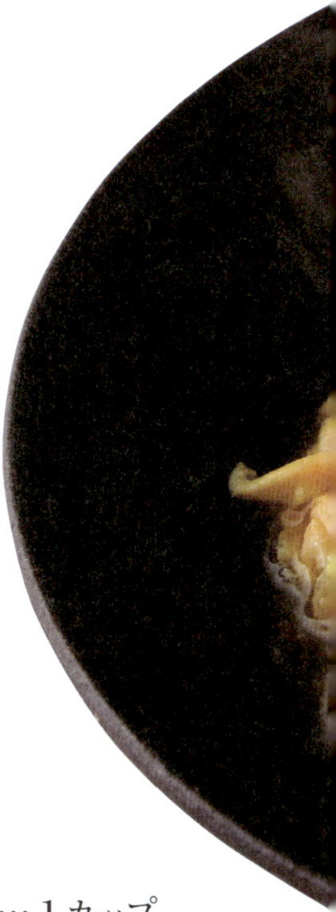

材料(2人分)
- **鶏胸肉**…1/2枚(125g)
- **卵**… 2個
- **玉ねぎ**…1/4個(50g)

煮汁
水… 1カップ
しょうゆ…大さじ1
砂糖…大さじ1/2

Memo 鶏肉のうま味を利用するので
だしは不要です。ごはんにのせれば
親子丼に。焼きのりや七味とうがらしを
散らして味のポイントに。

ポークトマトカレー

仕上げにカレー粉を
加えることで、香りがとばずに
スパイシーに仕上がります。

1
玉ねぎは薄切りにする。

2
なべに油を入れて中火にかけ、
玉ねぎ、にんにくをいため、
うっすら色がついてきたら
トマト缶、豚肉を加えて
5分煮る。

3
水を加えてさらに10分煮、
カレー粉、塩を
入れて5分煮る。

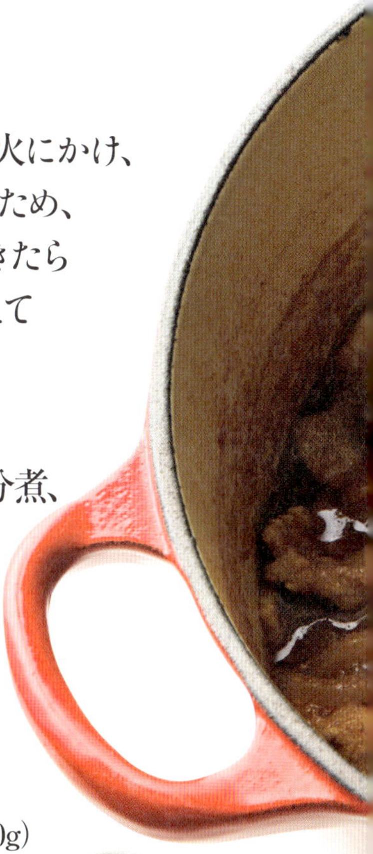

材料(2人分)

- ●**豚こま切れ肉**…150g
- ●**玉ねぎ**…1/2個(100g)
- ●**カットトマト缶**…1/4缶(100g)

にんにくの薄切り
…1かけ分
カレー粉…大さじ1 1/2
塩…小さじ1
油…大さじ1
水…2カップ

Memo クミンシード、赤とうがらし、ローリエなどを加えるとよりスパイシーに。なべに油とクミンシードを入れて火にかけ、泡が出てきたら玉ねぎ、にんにく、赤とうがらし、ローリエを加えていためます。

ハンバーグきのこソース

1

玉ねぎはみじん切りにして
ひき肉、塩、こしょうとともに
ポリ袋に入れ、粘りが出るまで
もみもみし、2等分にして丸く形作る。

2

フライパンにバターを弱めの中火で
とかし、1に小麦粉をまぶして入れ、
全体を香ばしく焼きつける。

3

ソースと小房に分けた
しめじを加え、
しめじに火が通ったら
全体にソースをからめて器に盛る。

材料(2人分)

- ●**牛豚ひき肉**…150g
- ●**玉ねぎ**…1/4個(50g)
- ●**しめじ類**…1パック(100g)

塩・こしょう・バター…各少量
小麦粉…大さじ1
ソース
　バター・トマトケチャップ・
　　ウスターソース…各大さじ1
　水…1/2カップ

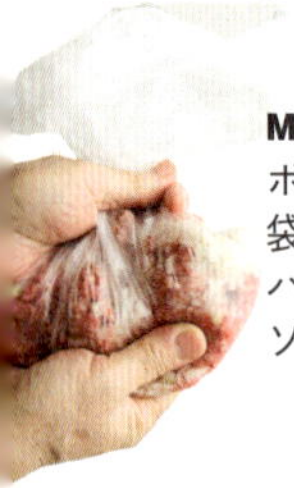

Memo ポリ袋でひき肉だねを作ると
ボール不要、手も汚れません。
袋の上から形を作ることも可能です。
ハンバーグに小麦粉をまぶして焼くと、
ソースにほんのりととろみがつきます。

バターの風味を
フルに活かしました。
まろやかで
リッチな味になりました。

いり豆腐

いり豆腐は江戸の料理だから、
東京生まれの私にとっては
定番中の定番メニューなのです。

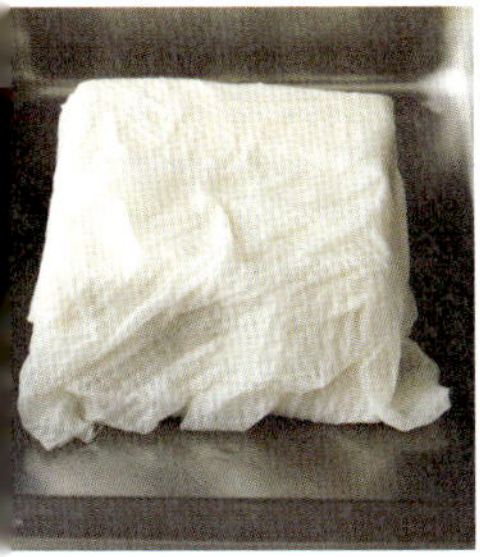

1

豆腐はキッチンペーパーで包んで
水けをきる。にんじんはみじん切り、
ねぎは小口切りにする。

2

ごま油を熱してにんじんを入れ、
豆腐をくずしながら加えて塩、砂糖も
加えて中火で8分いためる。

3

ねぎ、しょうゆを加えて
2分いため合わせる。

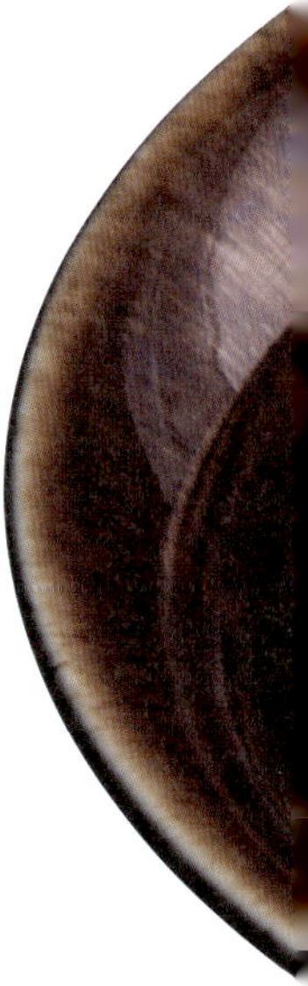

材料(2人分)

- ●もめん豆腐…1丁(350g)
- ●にんじん…1/4本(40g)
- ●ねぎ…1/2本(70g)
- 塩…小さじ1/2
- 砂糖・しょうゆ…各小さじ1
- ごま油…大さじ1

Memo 豆腐は手でくずしながら加えると、でこぼこしている
断面に調味料がからみ、味がよくなじみます。

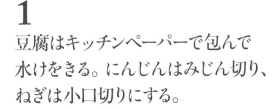

中華のおかずが

「中華はボリュームがあって
満足度は抜群。
その上、とろみのある
料理は喉を通りやすいから

高齢者の方にもおすすめです。
特別な調味料や
スープの素は使いません。
でも、しっかり
中華なんですよ！」

さっと作れます

麻婆豆腐

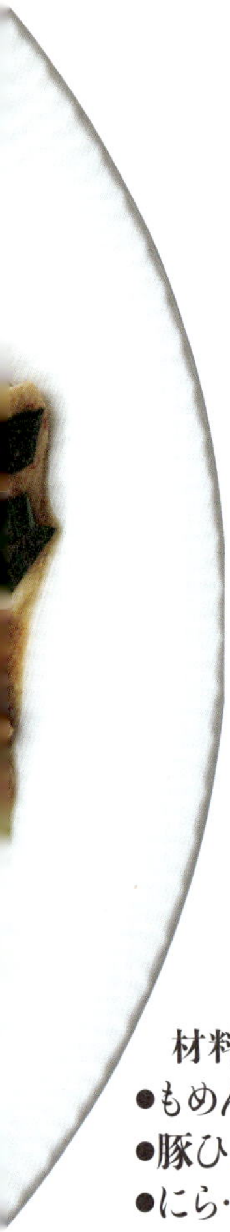

1

豆腐は一口大に切り、
熱湯に入れてあたため、
ざるにあげる。にらは細かく切る。

2

油を熱して中火でひき肉を
よくいため、パラパラになったら
にんにくを加え、
合わせ調味料、豆腐を入れる。

3

3分煮てにら、ごま油を
入れて全体を混ぜる。

材料(2人分)
- もめん豆腐…1丁(350g)
- 豚ひき肉…100g
- にら…1/2束(50g)

Memo ひき肉は脂がにじみ出てきて、
カリッとしてくるまで混ぜながら
じっくりいためるのがポイントです。

にんにくのみじん切り
…1かけ分
合わせ調味料(混ぜ合わせる)
しょうゆ・みそ…各大さじ1
砂糖・一味とうがらし
…各小さじ1/4
かたくり粉…小さじ1
水…3/4カップ
油…少量
ごま油…大さじ1

豆腐を中まであたためておけば
煮る時間を短縮できます。
あたためながら水きりも
できるので一石二鳥。

カニ玉風

料理に旬の野菜を入れるのは
楽しいものです。アスパラの代わりに
ねぎの青い部分で作ることもあります。

1

卵を割りほぐし、カニかまをほぐし入れる。
アスパラは根元のほうの皮をむいて
斜め薄切りにして加え、
こしょうも加えて混ぜる。

2

フライパンに油を
中火で熱して1を流し入れ、
途中ひっくり返して
両面に焼き色をつけ、器に盛る。

3

続いてあんを入れて混ぜながら
少し煮詰めて2にかける。

材料(2人分)

- ●カニかまぼこ …5〜6本(50g)
- ●卵…3個
- ●グリーンアスパラガス …3本(60g)

こしょう…少量
あん(混ぜ合わせる)
　水…1/3カップ
　砂糖・しょうゆ…各小さじ1
　塩…少量
　かたくり粉…小さじ1
油…大さじ1

Memo 卵液を入れたら、ときどき混ぜるくらいで、あまりさわらずに火を通します。表面がやや乾いてきて、底がかたまったら平らななべぶたや皿を利用してひっくり返します。

焼き春巻き

揚げないからぐっと身近になりました。
さんしょう塩の代わりに、
こしょう塩もおすすめです。

1

竹の子は棒状に切る。
春巻きの皮を広げ、中央に1/10量の豚肉を広げてのせ、竹の子をのせる。

2

包んで包み終わりにのりを塗ってくっつける。残りも同様に作る。

3

油を中火で熱し、2のとじ目を下にして入れ、両面を色よく焼く。
器に盛ってさんしょう塩を添える。

材料(2人分)

- **春巻きの皮**(ミニサイズ)…10枚
- **豚こま切れ肉**…150g
- **ゆで竹の子**…100g

のり(混ぜ合わせる)
　小麦粉…大さじ1
　水…大さじ1 1/2

油…大さじ3
さんしょう塩(混ぜ合わせる)
　塩…小さじ1/2
　粉ざんしょう…少量

Memo
お弁当やおつまみにも重宝する小さいサイズの皮が便利。火も通りやすく、しかも食べやすいサイズです。余ったら冷凍保存可能。

小松菜ときくらげの卵いため

1

きくらげは湯に15分ほどつけてもどし、
一口大に切る。卵は割りほぐし、
小松菜は3cm長さに切る。

2

ごま油大さじ1を
中火で熱し、
卵を入れていり卵にしてとり出す。

3

続けてきくらげ、小松菜を
中火で1分いため、
卵を戻して合わせ調味料を入れ、
全体にからめ、ごま油大さじ1を
まわし入れる。
器に盛って削りガツオをかける。

材料(2人分)
- **小松菜**… 4株(150g)
- **きくらげ**…乾3g
- **卵**… 2個

Memo サクラエビやちりめんじゃこ、削りガツオなどを散らし、混ぜて食べるとコクが出ます。生きくらげ(30g)があればさらに手軽に作れますね。

合わせ調味料(混ぜ合わせる)
- しょうゆ…小さじ1
- 塩・砂糖…各小さじ1/4
- 水…大さじ1

ごま油…大さじ2
削り…ガツオ2g

肉団子

ゆでたほうれん草も
よく合います。ゆで野菜は
たっぷり食べられるのも
いいですね。

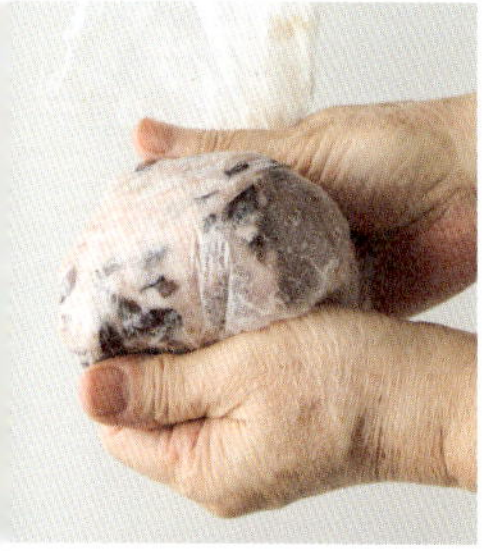

1

きくらげは湯に15分ほどつけてもどし、
みじん切りにしてポリ袋に入れ、ひき肉、
下味用の塩、こしょうを加えてもみもみする。

2

８等分の団子状に形作り、
中火で熱した油に入れて
色よく揚げ焼きにしてとり出す。

3

余分な油をふきとり、甘酢あんを入れて
沸かし、肉団子を戻してからめる。
器に春菊を盛り、肉団子をのせる。

材料（2人分）

- ●豚ひき肉…200g
- ●きくらげ…乾３g
- ●春菊の葉
  …1/2袋分（100g）

Memo もみもみしたひき肉だねは、ポリ袋の片方を切って丸く絞り出すと簡単。春菊は葉だけを使うと肉団子となじみます。茎はお浸しやいため物にして。

下味用の塩・こしょう…各少量
甘酢あん（混ぜ合わせる）
　水…3/4カップ
　酢・砂糖…各大さじ2
　しょうゆ…大さじ1
　かたくり粉…大さじ1
油…大さじ2

白菜とえのきとハムのうま煮

1

白菜は縦半分に切ってから
3cm幅に切る。えのきたけは
根元を切り落として半分に切る。
ハムはあらいみじん切りにする。

2

油大さじ1を熱し、白菜の軸の
ほうを入れて中火でいためる。
しんなりとなったら
葉とえのきたけを加える。

3

煮汁とハムを加え、
油大さじ1も加えて混ぜながら
とろみがつくまで煮る。

材料（2人分）

- 白菜…大1枚（200g）
- えのきたけ…1袋（100g）
- ロースハム…5枚（50g）

煮汁（混ぜ合わせる）
　水…1カップ
　塩…小さじ1/2
　砂糖…小さじ1/4
　こしょう…少量
　かたくり粉…大さじ1/2
油…大さじ2

Memo 中華スープの素の代わりに
少量の砂糖を入れるのが味を決める
ポイントです。仕上げにごま油小さじ1
程度をまわし入れるとさらに風味よく
仕上がります。

にら玉チャーハン

ナンプラーはイワシなどの
魚を発酵させて作った
タイの調味料。うま味が強いので
だしを兼ねた調味料として
幅広く使えますよ。

1

にらは細かく切る。ポリ袋に卵、調味料を入れ、もみもみしほぐして混ぜてからごはんを加え、さらにもみもみする。

2

油を中火で熱してポリ袋の底を切って中身を入れ、パラパラになるまで混ぜながらいためる。

3

にらを加えて混ぜながらさっといためる。

材料(2人分)

- ごはん…300g
- 卵… 2個
- にら…1/3束(35g)

調味料

ナンプラー…大さじ1

塩・砂糖・こしょう…各少量

油…大さじ1

Memo もみもみして卵をごはんになじませてからいためると、苦労なくパラパラに仕上がります。

ボリューム満点の

「野菜にはビタミンやミネラル、
食物繊維が豊富に含まれています。
だから、体を整えるためにも、
野菜はしっかり

食べてくださいね。
野菜主役の
食べごたえのある料理は、
メインのおかずにもなって
とっても重宝しますよ」

野菜メニュー

なすとじゃが芋、ピーマンのみそいため

1

なすはへたを、ピーマンは
へたと種をとり除き、
じゃが芋とともにそれぞれ乱切りにする。

2

油を熱し、じゃが芋を
弱めの中火でいため揚げにし、
軽く色がついたら
なすを加える。

3

なすがしんなりとなったら
ピーマンを加え、
中火にして1分いため、
合わせ調味料を入れて
全体にからめる。

材料(2人分)

●なす…2本(180g)
●じゃが芋
　…大1個(150g)
●ピーマン…2個

合わせ調味料
(混ぜ合わせる)
　みそ…大さじ1
　砂糖…大さじ1/2
　しょうゆ…小さじ1
　一味とうがらし…少量
　水…大さじ3
油…大さじ3

Memo 甘辛みそしょうゆの
しっかり味だから白いごはんに
ピッタリ。野菜だけとは思えない
くらいの満足度です。

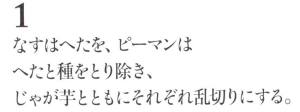

肉と野菜からにじみ出た
蒸し汁は極上のスープです。
残さずに召し上がれ。

野菜と豚肉の重ね蒸し

1

かぼちゃは種とわたを除いて
1cm厚さに切る。なすはへたを除いて
縦4等分に切る。

2

耐熱の深皿に1を並べ、
豚肉を広げながらのせる。

3

蒸気の上がった
なべ(下記Memo参照)に
入れ、ふたをして10分蒸す。
たれをまわしかけて
食べる。

材料(2人分)

- かぼちゃ…1/8個(150g)
- なす…2本(180g)
- 豚バラ薄切り肉…150g

たれ(混ぜ合わせる)
　酢・しょうゆ…各大さじ1
　砂糖…小さじ1
　こしょう…少量

Memo なべに器の高さの半分くらいまで
水を入れて沸かし、蒸気が上がったところで
器を入れて蒸すと手軽に蒸し物ができます。

里芋のそぼろ煮

1

里芋は皮をむいて2〜3等分に切り、
流水で洗って水けをふく。

2

油を熱してひき肉と里芋を入れて
中火でいため、ひき肉に火が通ったら
煮汁を入れ、ふたをして
弱めの中火で12分煮る。

3

しょうゆ、粉ざんしょう、小ねぎを
加えて混ぜ、1分煮る。

材料(2人分)

- **●里芋**…6個(皮つきで300g)
- **●鶏ひき肉**…100g
- **●小ねぎの小口切り**…2本分

Memo 里芋は乾いたまま
皮をむくとぬめりが全体にまわることなく、
楽に作業できます。

油…大さじ1
煮汁
　水…1カップ
　塩・砂糖…各小さじ1/4
しょうゆ…小さじ1
粉ざんしょう…少量

さんしょうを
プラスするだけで、
さわやかな香りが広がり、
味が深まりますよ。

いんげんとひき肉のトマト煮

1

いんげんは同じむきに並べて
へたを包丁で切り落とし、
3〜4等分に切る。

2

オリーブ油、にんにく、ひき肉を
フライパンに入れて弱めの中火にかけ、
混ぜながらひき肉に火を通す。

3

いんげん、トマト缶、
水を入れて
8分いため煮にし、
塩、こしょうで
調味する。

材料(2人分)

- ●牛豚ひき肉…100g
- ●さやいんげん
  …14〜15本(100g)
- ●カットトマト缶
  …1/2缶(200g)

にんにくのみじん切り
…1かけ分
塩…小さじ1/2
こしょう…少量
オリーブ油…大さじ1
水…1/4カップ

Memo スパゲッティやショートパスタとあえるのもおすすめ。
あたたかいごはんにかけてもおいしくいただけます。

削りガツオをかけて食べると
味もまろやか、
コクも増しますよ。

ゴーヤー入りフーチャンプルー

1

ゴーヤーは縦半分に切って種をとり、
薄切りにして水で洗い、
水けをきる。

2

麩は水に2分つけてもどし、
水けを絞る。
卵は割りほぐし、麩をつける。

3

油を中火で熱して
2の両面を焼きつけ、
ゴーヤーを入れていため、
調味料を加えて調味する。

材料（2人分）

- ゴーヤー…1/2本（120g）
- 麩（煮物用）…10個（15g）
- 卵…1個

調味料
　しょうゆ…小さじ1
　塩・砂糖…各小さじ1/4
　こしょう…少量
油…大さじ1

Memo 煮込んでも形がくずれない煮物用の麩を使うのがポイント。車麩でもOK。大きいので水でもどしたら食べやすい大きさにして使ってください。

大根のべっこう煮

1

大根は5mm厚さのいちょう切り、
葉があれば3cm長さに切る。油を
中火で熱し、砂糖を入れて焦げつかない
程度に薄茶色になるまで焦がす。

2

大根、豚肉、しょうゆを加え、
大根がしんなりとなるまで
いためる。

3

水、大豆を加え、ふたをして
12分煮る。あれば葉を加えて
5分煮て味をからめる。

材料(2人分)

- ●**大根**… 6cm(250g)
- ●**豚こま切れ肉**…100g
- ●**水煮大豆**…50g

しょうゆ…大さじ11/2
砂糖…大さじ1
油…大さじ1
水…1カップ

Memo べっこう色に煮ることからこの名がつきました。
薄茶色に焦がした砂糖で煮ること、大根を薄めのいちょう切りにすることで煮込み時間を大幅にカットしました。

「もみもみ」で

材料と調味料を
ポリ袋に入れて
もみもみするだけで
副菜のでき上がり！
最初は大きく
ふるようにしてもみもみ。

かぶとレモンは
薄いいちょう切り、
かぶの葉は2cm幅に切る。
ポリ袋にレモンと塩を入れ、
もみもみして塩レモンを
作ってから、残りの材料も
入れてさらにもみもみする。

野菜の副菜作り

最初は空気を入れた状態で、
袋の底を片手で支えながら
大きくふるようにして
野菜全体に調味料をまぶします。
その後、ざっと空気を抜いて
もみもみすると全体に
味がなじみます。

次は空気を抜いてもみもみ。
素材によって強く、
やさしく。
手で感じながら
もみもみするのは
格好の脳トレに。

かぶの塩レモンあえ

材料(4人分)
●かぶ…2株(根160g+葉160g)
●レモン…1/2個
塩…小さじ1
砂糖…小さじ1/2

Memo 即席塩レモンは、もみもみで作れます。サラダやいため物に重宝します。

塩レモン完成。

小松菜の塩こんぶあえ

材料(4人分)

- **小松菜…5株(200g)**
- **塩こんぶ…15g**
- **いり白ごま…小さじ1**

Memo ゆでて食べることの多い小松菜ですが、生でもおいしく食べられます。フレッシュな歯ざわりが新鮮です。

もみもみ終了後は空気をしっかり抜いて口を結んで保存します。

小松菜は2cm長さに切る。すべての材料をポリ袋に入れてもみもみする。

白菜は葉の部分は
2cm幅に、
軸は5cm長さの
棒状に切る。
ポリ袋にすべての材料を
入れてもみもみする。

白菜の甘酢漬け

材料(4人分)

●白菜…小2枚(200g)

●しょうがのせん切り…2かけ分

●赤とうがらしの小口切り…1本分

酢…大さじ2

砂糖…大さじ1

塩…小さじ1

Memo 粉ざんしょうや花椒(ホワジャオ)を入れて香りをつけても。また、ごま油を加えるとまろやかな香りになります。

にんじんのピーナッツあえ

材料(4人分)

●にんじん…1本(150g)
●さやいんげん…3本
●ピーナッツ…30g
にんにくのすりおろし・
粉とうがらし…各少量
ナンプラー・酢…各大さじ1

Memo ナンプラー(P.38参照)は
うま味が強いのでコクのあるあえ物に
なります。いんげんは生で食べられます。

にんじんはせん切りにする。
いんげんはへたを切り落としてから
斜め薄切りにする。
すべての材料をポリ袋に入れ、
ピーナッツをめん棒などで
たたいてあらくつぶしてから
全体をもみもみする。

長芋の梅あえ

材料(4人分)

- ●長芋…10〜15cm(200g)
- ●梅干し…２個
- ●削りガツオ…２g

しょうゆ…小さじ1/2

砂糖…小さじ１

Memo 梅干しの塩分によって味が足りなければ塩で好みの味に調整してください。

長芋は皮のまま流水でよく洗い、
水けをふいてポリ袋に入れ、
めん棒や空きびんなどであらくたたきつぶす。
残りの材料を加え、梅干しの種を除いて
ほぐしながらもみもみする。

ミニトマトはへたをとる。
すべての材料を
ポリ袋に入れ、トマトを
つぶさないように
気をつけてやさしく
もみもみする。

ミニトマトの ヨーグルトあえ

材料(4人分)

- ●ミニトマト…200g
- ●レーズン…30g
- ●プレーンヨーグルト…200g

塩…小さじ1/4

Memo レーズンのペクチンで、ヨーグルトがクリームチーズのような風味になります。くるみなどのナッツ類を加えると楽しい食感に。混ざりやすい大きさに刻んで加えてください。

コールスロー

材料(4人分)

●キャベツ…２枚(200g)
●紫玉ねぎ…1/4個(50g)
●ピーマン…１個
マヨネーズ…大さじ２
酢…小さじ１
塩・砂糖・こしょう
…各少量

Memo さっぱり味なのでから揚げやソテーした肉の付け合わせにもおすすめです。

野菜はすべて
あらいみじん切りにして
ポリ袋に入れる。
酢、塩、砂糖を入れてもみもみし、
出てきた水分を絞って捨て、
マヨネーズとこしょうを入れて
もみもみする。

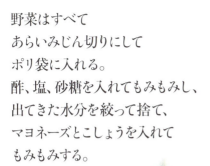

ポリ袋にたれ以外の
材料を入れ、
ぬるま湯1カップ(分量外)
を加えて軽くもんで
湯を捨てる。
たれを加えて
もみもみする。

切り干し大根のじゃこあえ

材料(4人分)

- 切り干し大根…乾30g
- 干ししいたけ(スライス)…10g
- ちりめんじゃこ…20g

たれ

酢・砂糖…各大さじ1
しょうゆ…大さじ1/2
塩…小さじ1/4
すり白ごま…大さじ1
ぬるま湯…1/2カップ

Memo 切り干し大根は太切りや輪切りなどいろいろなタイプがありますが、細切りのものが味のなじみもよくておすすめです。

ひじきとさつま揚げのあえ物

材料(4人分)

- ●ひじき…乾20g
- ●さつま揚げ…2枚(50g)
- ●水煮大豆…50g

たれ

　しょうゆ・砂糖…各大さじ1
　ぬるま湯…1/2カップ

Memo ごはんに混ぜると混ぜごはんになります。酢飯(P76参照)に混ぜればちらしずしが簡単に作れます。

さつま揚げは棒状に切ってポリ袋に入れ、ひじき、大豆、ぬるま湯1カップ(分量外)を加え、軽くもんで湯を捨てる。
たれを入れてもみもみする。

だし

山形県の郷土料理。なすやきゅうりなど水分の多い野菜に青じそやみょうがなどの香りをプラスします。家庭ごとにそれぞれ味があり、オクラや山芋を入れたり、ねぎや削りガツオ、切りこんぶをプラスしたりとバリエーションも豊富です。

材料（4人分）

- なす…１本（90g）
- きゅうり…１本（130g）
- しょうがのみじん切り
  …２かけ分

たれ
　しょうゆ・酢…各小さじ１
　塩…小さじ1/2
　砂糖…小さじ1/4

冷ややっことの相性は抜群。
野菜たっぷり、たんぱく質もとれて
優秀な副菜になります。
あたたかいごはんにかけても。

なす、きゅうりは
それぞれへたを除いて
あらいみじん切りにする。
すべての材料をポリ袋に入れて
もみもみする。

冷や汁の素

冷や汁は宮崎県の郷土料理。タイやアジなどを焼いて身をほぐし、白ごま、みそなどとすり合わせて水やだしでといて汁仕立てにしたもの。ごはんにかけて食べるのが一般的。レシピをぐっとそぎ落とした使い勝手のよい「素」をご紹介します。

まずはみその素を
もみもみして
味を均等にします。

きゅうりは3mm幅の輪切り、
みょうがはみじん切りにする。
先にみその素を
ポリ袋に入れてもみもみしてから
厚揚げをちぎり入れ、きゅうりと
みょうがも加えてもみもみする。

材料(4人分)

- **●きゅうり…１本(130g)**
- **●厚揚げ…1/2枚(100g)**
- **●みょうが…2個**

みその素

　みそ…大さじ２
　すり白ごま…大さじ１
　削りガツオ…２g

冷や汁として食べるときは
青じそ5枚ほどを
細切りにして加え、
冷水11/2カップで
ときのばして
ごはんにかけます。

座って作っても いいんです！

「料理は立ってする」って
決まっているわけではありません。
私は海外の家庭を訪ね歩きましたが、
座って料理をしている国もありましたよ。
母が85歳を過ぎた頃、
料理をするのがしんどくなってきたと
打ち明けられたことがありました。
「お母さん、料理をやめちゃったら
ボケちゃうよ」と私は母に返しました。
そして、座って料理をしたらどうかと提案しました。
なんとか料理を続けてほしかったからです。
母はそれから座って料理をするようになり、

体調に合わせて無理なく料理をしてください。
しんどいなと思ったら座って作業。思った以上に楽ちんです。
私は「卓上クッキング」と命名しています。

自分の食べたいものを
自分で作り続けました。
ちょっとしんどいな、とか、
毎日いろいろありますよね。
そんなときは座って作ってみてください。
食卓は広く使えないことが多いですから、
まずは小さな調理器具を準備。
熱源は卓上のＩＨ調理器なら安心です。
そして調味料は卓上にセット。
しょうゆや油も
小さいものがおすすめです。
コンパクトだし香りが
とばないうちに使いきれますから。
無理せずに、長く料理をし続けることが
大切だと思っています。

しょうゆ、塩、こしょう、油類などの基本調味料をセット。ごまや個包装になった削りガツオ、七味とうがらしなども併せてセットしておくと味変も楽しめます。

包丁はペティナイフ、まな板はチーズトレイなど小さなものが断然使いやすくておすすめ。キッチンバサミ、ピーラーならばまな板も使わずに切ったりスライスしたりできるので便利です。

毎日が楽しい！

「料理ってすごく
脳にいいのよね。
メニューを決めて、買い物に行って、
段取りをして作るのですから
頭を使います。
もちろん『おいしい！』は

脳を刺激してくれます。
そしてよくかんで
食べてくださいね。
それも若さを保つ秘訣みたい」

食べることは
生きること

クリームシチュー

1
鶏肉全体に下味用の
塩、こしょうをふり、
一口大のそぎ切りにする。
ブロッコリーは小房に分ける。

2
なべに鶏肉と水を入れて
弱めの中火で7分煮る。

3
ブロッコリー、牛乳、
ブールマニエを加えて
中火で5分煮、
塩、こしょうで調味する。

材料(2人分)

- ●鶏胸肉…1/2枚(140g)
- ●ブロッコリー
  …1/2株(120g)
- ●牛乳…1カップ

下味用の塩・こしょう
…各少量
ブールマニエ(混ぜ合わせる)
小麦粉・バター…各大さじ1
水…1カップ
塩…小さじ3/4
こしょう…少量

Memo バターと小麦粉を混ぜたものを
ブールマニエといいます。ホワイトソース
よりもダマになりにくいという
メリットがあります。

みじん切りにした
パセリを散らしたり、
レモンを搾って食べると
味わいが深まります。

シーフードピラフ

1

パプリカの半分は4等分のくし形に切り、残りはあらいみじん切りにする。オリーブ油を中火で熱し、くし形のパプリカをいためてとり出す。

2

そのまま弱火にしてにんにくを入れ、香りが出たらみじん切りのパプリカ、シーフードミックス、塩、こしょうを加え、中火にしていためる。

3

米を加えていため、油がまわったら平らにならして炊き汁を加え、ふたをして弱火で20分炊く。器に盛り、とり出したパプリカを添える。

材料(2人分)

- ●米… 1合
- ●シーフードミックス …1袋(280g)
- ●パプリカ(赤) …大1/2個(80g)
- にんにくのみじん切り … 1かけ分
- 塩・こしょう…各少量
- オリーブ油…大さじ2
- 炊き汁(混ぜ合わせる)
  - 水… 1カップ
  - 塩…小さじ1/2

Memo シーフードのうま味をたっぷり吸わせるために、米は洗わずに加えるのがポイントです。

ちらしずし

1

熱いごはんに
すし酢をまぶして混ぜ、
酢飯を作る。

2

五菜ひじきはさっと水で洗って
水けをきり、なべに入れる。
煮汁を加え、
汁けがなくなるまで中火で煮る。

3

卵は割りほぐして塩、砂糖を入れて混ぜ、
油を熱したフライパンでいり卵にし、
2とともに1の酢飯に混ぜ込む。

材料（2人分）
●熱いごはん…400g
●五菜ひじき…乾15g
●卵…１個

Memo ひじき、にんじん、ごぼう、しいたけなどがミックスになっていて便利な五菜ひじき。ひじきミックス、五目ひじきなどの名称で売られています。

すし酢（混ぜ合わせる）
　酢…大さじ２
　砂糖…大さじ１
　塩…小さじ1/2
煮汁
　水…１カップ
　しょうゆ・砂糖…各大さじ1/2
塩・砂糖・油…各少量

ゆでた絹さや、紅しょうが、
焼きのりなどを添えると
ごちそう感も増し、
香りや味わいが深くなります。

Memo なべの周囲についた茶色の焦げは大切なうま味です。木べらでこそげながらいためると、香ばしい色もつきます。少量の水を加えてこそげても。

ハッシュドビーフ

1
牛肉に下味用の塩、こしょう、
小麦粉をふる。
玉ねぎは薄切りにする。

2
なべにバターをとかして弱めの中火で
玉ねぎをいため、茶色になったら
端に寄せて牛肉をいためる。

3
トマト缶、煮汁を加え、
弱めの中火で10分煮て、
塩、こしょうで調味する。

パセリのみじん切りを
混ぜた、パセリライスと
組み合わせるのが
おすすめ。

材料(2人分)
- ●牛こま切れ肉…200g
- ●玉ねぎ…1/2個(100g)
- ●カットトマト缶…50g

下味用の塩・こしょう・小麦粉
…各少量
バター…大さじ1
煮汁
水…1カップ
ウスターソース…大さじ1
トマトケチャップ…大さじ1/2
塩・こしょう…各少量

スパゲッティは長めに
ゆでると食感がもっちりして、
なつかしい味わいの
ナポリタンに仕上がりますよ。

材料(2人分)

- スパゲッティ…乾160g
- ベーコン…50g
- マッシュルーム…４個

調味料

　トマトケチャップ…大さじ４

　塩・こしょう…各少量

水…大さじ２

オリーブ油・バター…各大さじ１

Memo パセリのみじん切りやすりおろした
パルミジャーノ・レッジャーノチーズを散らす
とおいしさが増します。

スパゲッティナポリタン

1

スパゲッティは塩大さじ1(分量外)を
加えた熱湯で表示時間より
3分長くゆで、ざるにあげて流水で洗う。

2

マッシュルームは縦に薄切りに、
ベーコンは細切りにする。

3

なべにオリーブ油とバターを中火で熱して
2を入れていため、1、調味料と水を加えて
いため合わせる。

材料(2人分)
●ペンネ…120g
●ツナ水煮缶… 1缶(80g)
●カットトマト缶
…1/2缶(200g)
にんにくのあらいみじん切り
… 1かけ分
赤とうがらしの小口切り… 1本分
塩…小さじ1/2
オリーブ油…大さじ2
水… 11/2カップ

Memo すりおろしたパルミジャーノ・レッジャーノチーズやちぎったバジル、パセリのみじん切りをふっても。

ペンネはゆでずにそのまま加えて手間と時間を大幅カット。素材のうま味をたっぷり吸ったペンネがおいしいんです。

ツナとトマトのペンネ

1

なべにオリーブ油、にんにく、
赤とうがらしを入れて弱火にかけ、
香りを出す。

2

ツナを缶汁ごと加え、
トマト缶、水、ペンネを入れ、
ふたをして弱めの中火で10分煮る。

3

塩を加えて調味する。

シンプルなお好み焼き

1

ねぎは小口切りにする。
卵は割りほぐして水を加えて混ぜ、
小麦粉を入れて泡立て器で混ぜ、
削りガツオ、ねぎも入れて混ぜる。

2

フライパンに半量の油を
弱めの中火で熱して1の1/2量を
入れて丸く広げ、ふたをして3分焼く。

3

ひっくり返して3分焼き、器に盛る。
トッピング用のソース、削りガツオ、
青のり、マヨネーズなどをかける。
残りも同様に焼く。

材料(2人分)

●**小麦粉**…100g
●**卵**… 2個
●**ねぎ**… 1本

水…3/4カップ
削りガツオ…ひとつまみ
油…大さじ2
トッピング用
　削りガツオ・青のり・
　中濃ソース・マヨネーズなど
　　…各適量

Memo 肉や魚介がなくても、
小麦粉と卵さえあればお好み焼きが
作れます。覚えておくと
非常時にも役立つレシピです。

ホットドッグ

1

パンの上面に切り目を入れて
バターを塗る。レタスはせん切りにする。

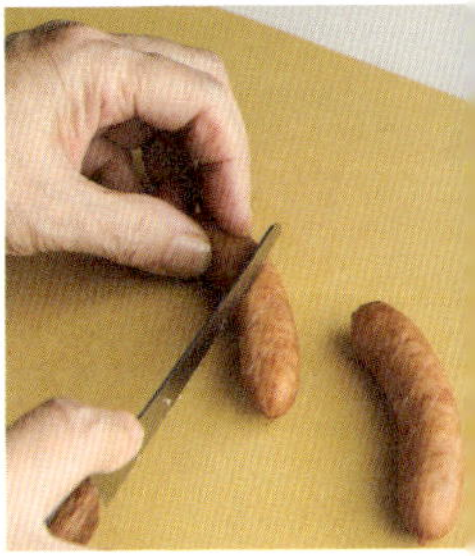

2

ソーセージに斜めの切り目を
数本ずつ入れる。

3

パンにレタス、ソーセージをはさみ、
トマトケチャップをかけ、
カレー粉をふってオーブントースターや
グリルで香ばしく焼く。

材料(2人分)

- ●ホットドッグ用パン… 4本
- ●ウインナソーセージ… 4本(80g)
- ●レタス… 2枚

バター…大さじ1
トマトケチャップ…大さじ2
カレー粉…小さじ1/2

Memo トマトケチャップに少量のカレー粉をふっただけで、ドイツのファストフードの味わいになるのでおすすめです。

はんぺんサンド

1

きゅうりは長さを半分にして縦に
薄切りにし、塩をまぶす。
食パンはトーストする。

2

フライパンに半量のバターをとかし、
はんぺんの両面を香ばしく焼き、しょうゆ
小さじ1を入れてなじませる。もう1枚も同様に焼く。

3

パンにきゅうり、
はんぺん、きゅうりの
順にのせてもう1枚の
パンではさみ、
残りも同様に作る。
半分に切る。

材料(2人分)

- **食パン(8枚切り)**…4枚
- **はんぺん**…2枚
- **きゅうり**…1/2本

バター・しょうゆ
…各小さじ2
塩…少量

Memo バターじょうゆ味の香ばしいはんぺんは、断然トーストパンが合います。塩がなじんだきゅうりが味のポイントになります。

焼き日本そば

1

フライパンに油を中火で熱して
そばを入れ、両面をカリッと焼いて
器に盛る。

2

続けてえびに塩、
こしょうをふって両面を焼く。

3

もやしを加えて
しょうゆ、砂糖、こしょうを加えて混ぜ、
もやしに火が通ったら
1のそばにかける。

老舗のそば屋でいただいた
焼き日本そばが忘れられなくて、
家庭でも作れるように
アレンジしました。

材料(2人分)

●ゆでそば…2袋(320g)
●むきえび… 6〜8尾(80g)
●もやし… 1袋(200g)

しょうゆ…大さじ1
砂糖·塩…各小さじ1/4
こしょう…少量+少量
油…大さじ3

Memo 小口切りにした小ねぎや
にらを混ぜると香りがよくなり
味わいが深くなります。

コングクス風

1

そうめんは表示通りにゆで、
冷水で洗って水けをきる。

2

豆乳と塩、砂糖を
器に入れて混ぜ合わせる。

3

1を入れて白菜キムチをのせ、
ごま、酢、ごま油を
まわし入れる。

材料(2人分)

- **そうめん**… 3束(150g)
- **無調整豆乳**… 2カップ
- **白菜キムチ**…60g

塩・砂糖…各小さじ1/4
すり白ごま…小さじ1
酢・ごま油…各適量

Memo コングクスとは韓国の麺料理。
本場韓国では豆乳とうどんで作るレシピを習いましたが、
今回はゆで時間が短いそうめんを使いました。

みそ煮込みうどん

1

鶏肉は一口大の
そぎ切りにする。
ねぎは3cm長さに切る。

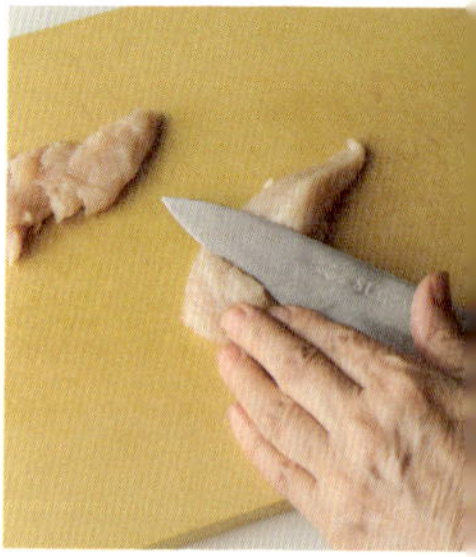

2

なべに煮汁を入れて
煮立て、鶏肉を入れ、
続いてねぎを入れる。

3

ねぎがしんなりしてきたら
うどんを加え、
弱めの中火で10分煮る。

材料(2人分)

- ゆでうどん… 2袋(400g)
- 鶏ささ身… 3本(150g)
- ねぎ… 1本(160g)

煮汁
水… 3カップ
みそ…大さじ3
しょうゆ…大さじ2
砂糖…小さじ2

Memo 七味とうがらしなどで辛味をつけると味が引き締まります。にんじんやごぼうなど根菜類やきのこをプラスすると味が深まります。仕上げに卵を落としても。

名古屋では赤みそで
作りますが、信州みそなどの
米みそにしょうゆをプラスして
本場の味に近づけました。

あたたかい汁物

「和風、洋風、エスニック。
いろいろな味にして楽しんでいます。
具沢山にすれば、献立の主役にも
なりますよ」

削りガツオは
貴重な具として
食べてください（笑）。

かき玉汁

1

三つ葉は2cm長さに切る。
卵は割りほぐす。

2

なべに水、削りガツオ、調味料、かたくり粉を入れて中火にかけて全体を混ぜる。

3

沸騰したら卵液を流し入れ、火が通ったら三つ葉を加える。

材料(2人分)

- 卵… 1個
- 三つ葉…1束(35g)

水… 11/2カップ
削りガツオ… 2g
調味料
　塩・しょうゆ・砂糖
　　…各小さじ1/2
かたくり粉…小さじ1

Memo かたくり粉は調味料などとともに先に加えてから火にかけると汁にとろみがつきます。水どきする手間をカット。

粕汁

1

サケ、じゃが芋は
一口大に切る。

2

なべに水、じゃが芋を
入れて中火で7分煮、
サケを加える。

3

サケに火が通ったら
酒粕とみそを煮汁で
といて入れ、
2〜3分煮る。

材料（2人分）

- **甘塩サケ**…1切れ（80g）
- **じゃが芋**…大1個（150g）
- **酒粕**…30g

水…2カップ
みそ…大さじ1〜11/2

Memo 酒粕とみそを合わせて使うと、
まろやかな塩味がついてコクも深まります。

船場汁

1

大根は短冊切りにする。

2

ねぎ、しょうがは
せん切りにして水にさらす。

3

なべに水、大根を入れて
弱めの中火で7分煮、
サバを缶汁ごと入れ、
調味料も入れる。
あたたまったら器に盛って
ねぎ、しょうがを
水けをきってのせる。

材料(2人分)
●サバ水煮缶…1缶(150g)
●大根…2.5cm(100g)
●ねぎ… 5cm(10g)
水… 2カップ
しょうが… 1かけ
調味料
　塩・しょうゆ・砂糖
　　…各小さじ1/4

Memo たっぷりのねぎとしょうがは
サバのくさみを消してくれます。

大阪の郷土料理の
船場汁。本場はサバのアラで
作りますが、缶詰なら簡単です。

まいたけとミックスビーンズのスープ

1
まいたけは食べやすい
大きさにさく。
ベーコンは細切りにする。

2
なべに1、水を入れて
中火で10分煮、
ミックスビーンズを加えて
2〜3分煮る。

3
塩、こしょうで
調味する。

材料(2人分)

- まいたけ…1パック(100g)
- ミックスビーンズ…50g
- ベーコン…50g

水…2カップ
塩…小さじ1/2
こしょう…少量

Memo ベーコンときのこのうま味がしっかりしているので、調味料は塩とこしょうだけで充分においしくでき上がります。

キャベツと豚肉のスープ

1

キャベツ、にんじんは
せん切りにする。

2

豚肉に塩、こしょうを加えて
手でなじませる。

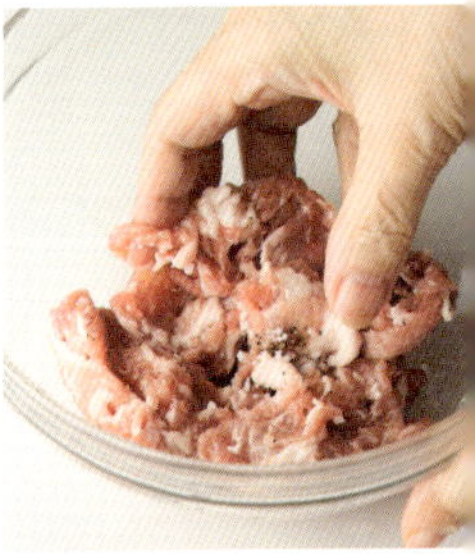

3

なべに豚肉、水を入れて
弱めの中火で8分ゆで、
アクをとり除く。
1を加えて7分煮る。

材料(2人分)

- **●キャベツ… 1枚(80g)**
- **●豚こま切れ肉…100g**
- **●にんじん…1/5本(30g)**

塩…小さじ3/4
こしょう…少量
水… 2カップ

Memo ヨーグルトを加えると違った味わいになります。パセリを散らすのもおすすめです。

モロヘイヤスープ

1

モロヘイヤは茎を除き、
みじん切りにしてから粘りが出るまで
包丁でたたく。玉ねぎもみじん切りにする。

2

なべにオリーブ油、にんにく、玉ねぎ、
ひき肉を入れて弱火にかけ、
肉の色が変わるまでいためる。

3

水を加え、沸騰したら
モロヘイヤ、塩、
カレー粉を加えて
弱めの中火で10分煮る。

材料(2人分)

●モロヘイヤ…1束(100g)
●鶏ひき肉…100g
●玉ねぎ…1/8個
にんにくのみじん切り
…1かけ分
オリーブ油…大さじ1
水…2カップ
塩…小さじ3/4
カレー粉…小さじ1/2

Memo モロヘイヤは粘りが出てくるまで包丁で細かくたたきます。クレオパトラが愛したというモロヘイヤスープです。レモン汁を加えるのもおすすめです。

クラムチャウダー

1

セロリの葉は2cm幅に、
軸は1cm角に切る。

2

なべにバターをとかして
セロリの軸を入れて中火で
1分いため、小麦粉を
入れて混ぜる。

3

アサリを缶汁ごと加え、
水も入れてひと煮立ちしたら
セロリの葉、牛乳、塩、
こしょうを加えて
2〜3分煮る。

材料（2人分）

- ●アサリ水煮缶…1缶（130g）
- ●セロリ…１本（100g）
- ●牛乳…１カップ

バター・小麦粉…各大さじ1
水…1/2カップ
塩…小さじ1/3
こしょう…少量

Memo セロリにまぶした小麦粉で全体にとろみがつくので、食べごたえも抜群。セロリの香りが味の決め手です。

クラッカーを割って
散らすのもおすすめです。

鶏のココナッツスープ

1

鶏肉は薄いそぎ切りにし、
しめじは小房に分ける。

2

なべにココナッツミルク、
鶏肉を入れて
中火で7分煮る。

3

水、しめじ、ナンプラー、
赤とうがらしを加えて
8分煮る。

材料(2人分)

- ●**鶏胸肉**…1/2枚(140g)
- ●**ココナッツミルク**
  …1カップ
- ●**しめじ類**
  …1パック(100g)

水…1カップ
ナンプラー
…大さじ1
赤とうがらしの小口切り
…1本分

Memo レモン汁を加えるのもおすすめ。余ったココナッツミルクは冷凍保存可能です。

しょうが、レモンの搾り汁、
香菜などをプラスすると
さらにアジアンテイストに
なりますよ。

おわりに

主材料を3つに絞る、
調味料も最小限にして
さらに3ステップ。
もちろん、おいしくなければ意味がない……。
自分で自分に課した
「レシピのそぎ落とし」でしたが
試作を始めると思っていた以上に苦戦しました。
あたりまえのようにいくつも
使っていた野菜を1つ2つに絞ると、
野菜から出るうま味が減ってしまうので
なかなか味が決まりません。

調味料をプラスすることもしたくないし……。
そこで役に立ったのが65か国以上で
訪れた家庭での料理体験。
毎日のおかずに余分な時間や手間を
かけられないのはどこも同じ。
どの国の家庭料理もとても合理的でした。
学んだ経験と知恵を総動員して、
今回ご紹介する引き算レシピに行きつきました。
毎日の献立作りにお役に立てると思っています。
何事も一日一日の積み重ね。
料理を作り続けて「生涯現役」を
実践してください。

頁	料理名	エネルギー(kcal)	たんぱく質(g)	脂質(g)	利用可能炭水化物(g)	食物繊維総量(g)	食塩相当量(g)
62	切り干し大根のじゃこあえ	53	2.9	0.9	6.6	3.0	0.7
63	ひじきとさつま揚げのあえ物	42	3.2	1.1	3.2	2.4	0.7
64	だし	12	0.5	0.0	1.8	1.0	0.8
66	冷や汁の素	68	4.5	4.0	2.8	1.4	1.1
72	クリームシチュー	234	17.3	12.3	12.1	3.0	1.8
74	シーフードピラフ	470	20.2	13.2	65.3	1.2	2.7
76	ちらしずし	397	7.8	3.0	79.0	5.0	2.0
78	ハッシュドビーフ	330	15.7	23.2	13.9	1.2	1.6
80	スパゲッティナポリタン	481	15.0	16.2	63.6	5.3	2.5
82	ツナとトマトのペンネ	368	13.4	13.1	45.9	4.8	1.4
84	シンプルなお好み焼き	431	12.5	19.7	48.1	3.2	1.2
86	ホットドッグ	356	9.5	18.4	36.2	3.1	2.0
87	はんぺんサンド	357	17.4	7.2	53.3	4.5	3.7
88	焼き日本そば	424	14.7	19.2	43.9	5.9	2.0
90	コングスク風	342	14.4	7.3	50.4	4.4	1.9
92	みそ煮込みうどん（汁73%摂取の場合）	346	23.2	2.1	53.2	5.6	5.0
95	かき玉汁	53	3.9	2.6	3.2	0.2	1.6
96	粕汁	187	12.5	4.9	18.6	4.3	2.3
98	船場汁	143	13.3	7.0	6.2	1.0	1.4
100	まいたけとミックスビーンズのスープ	109	6.5	5.7	4.3	4.2	1.9
102	キャベツと豚肉のスープ	121	9.4	7.2	3.9	1.1	1.9
103	モロヘイヤスープ	166	9.3	11.7	4.3	3.5	1.9
104	クラムチャウダー	159	8.4	8.5	11.3	0.9	1.4
106	鶏のココナッツスープ	308	15.1	24.5	5.6	1.8	2.2

・「日本食品標準成分表（八訂）増補2023年」に基づき計算しました。
・「たんぱく質」は、「アミノ酸組成によるたんぱく質」そのデータがないものは「たんぱく質」のデータを用いて算出しました。
・「脂質」は「脂肪酸のトリアシルグリセロール当量」、そのデータがないものは「脂質」のデータを用いて算出しました。
・「利用可能炭水化物」は、「利用可能炭水化物（質量計）」あるいは「差引き法による利用可能炭水化物」のデータを用いて算出しました。

掲載料理と栄養成分値一覧

頁	料理名	エネルギー(kcal)	たんぱく質(g)	脂質(g)	利用可能炭水化物(g)	食物繊維総量(g)	食塩相当量(g)
10	肉じゃが	216	13.1	8.4	15.7	11.2	2.0
12	いり鶏	283	14.0	16.7	17.3	2.6	1.5
14	鮭ときのこの炊き込みごはん	335	12.0	4.6	58.9	1.3	1.6
16	親子煮	185	17.8	8.6	8.9	0.4	1.6
18	ポークトマトカレー	260	14.5	17.6	9.3	3.2	2.5
20	ハンバーグきのこソース	285	12.7	19.4	13.3	2.2	1.5
22	いり豆腐	207	12.3	13.8	6.5	3.4	1.7
26	麻婆豆腐	332	21.7	23.4	6.7	3.2	2.5
28	カニ玉風	212	12.9	13.7	9.2	0.5	1.6
30	焼き春巻き	393	18.5	19.5	33.6	3.8	1.5
32	小松菜ときくらげの卵いため	205	8.1	17.0	3.7	2.3	1.3
34	肉団子	287	17.0	14.7	19.1	2.8	1.7
36	白菜とえのきとハムのうま煮	152	5.2	11.0	6.4	2.9	1.4
38	にら玉チャーハン	375	10.0	11.3	55.3	2.7	2.5
42	なすとじゃが芋、ピーマンのみそいため	247	3.0	18.1	12.4	10.3	1.6
44	野菜と豚肉の重ね蒸し	366	11.7	26.3	17.2	4.6	1.4
46	里芋のそぼろ煮	207	9.1	11.5	15.1	3.0	1.1
48	いんげんとひき肉のトマト煮	209	9.1	15.4	7.1	2.7	1.3
50	ゴーヤー入りフーチャンプルー	132	5.7	8.6	6.9	1.8	1.2
52	大根のべっこう煮	222	13.0	13.5	9.8	3.7	1.8
55	かぶの塩レモンあえ	21	1.2	0.1	2.6	2.4	0.5
56	小松菜の塩こんぶあえ	17	1.4	0.3	1.3	1.5	0.7
57	白菜の甘酢漬け	16	0.4	0.0	2.9	0.8	0.6
58	にんじんのピーナッツあえ	64	2.2	3.8	4.0	2.1	0.7
59	長芋の梅あえ	44	1.2	0.1	9.2	0.7	0.7
60	ミニトマトのヨーグルトあえ	67	2.2	1.5	10.4	1.0	0.4
61	コールスロー	58	0.7	4.4	3.3	1.3	0.2

荻野恭子 おぎの・きょうこ

料理研究家、栄養士。高校生のときに食べたロシア料理の味に魅了され、それ以来、料理の道を極めるべく勉強を続けている。ユーラシアをはじめ、世界65か国以上を訪れ、家庭に入ってその国の食文化を学習する。その経験を活かして数々のオリジナリティあふれるメニューを提案。現在は103歳まで自立していた母の食生活もふまえ、「元気に歳をとるためには自分で料理を作って食べること」をテーマに絶賛発信中。『103歳の食卓』（プレジデント社）、『60歳からのおいしい完全食』（家の光協会）、『塩ひとつまみ それだけでおいしく』（女子栄養大学出版部）など著書も多数。

https://www.cook-ogino.jp

撮影
原ヒデトシ

料理アシスタント
高橋佳代子

アートディレクション＆
デザイン
齊藤広介（齊藤デザイン事務所）

企画・構成・文
中村裕子

校正
くすのき舎

栄養計算
八田真奈

生涯現役！
引き算レシピ
材料と手間を最小限に
一生続くおいしい習慣

2025年2月20日　第1刷発行

著者 荻野恭子
発行者 香川明夫
発行所 女子栄養大学出版部
〒170-8481　東京都豊島区駒込3-24-3
03-3918-5411（販売）　03-3918-5301（編集）
Webサイト　https://eiyo21.com
印刷・製本　シナノ印刷株式会社

ISBN978-4-7895-4510-5